नेह-छोह

मगही कहानी संग्रह

शिशिर कुमार पाण्डेय

माँ (श्रीमति शांति देवी) और पिता (श्री ब्रजनंदन पाण्डेय) को समर्पित।

क्रम-सूची

भूमिका

मैया सरस्वती के किरपा, माय-बाबूजी के आसीस आउर अपने सब के सनेह से मगही में कुछ कहानी लेके अपने सब के सामने आवे के हिम्मत जुटा रहली ह। पूरा विसबास हे कि अपने सब के आशीर्वाद हमरा जरूर मिलत। मगही भाषा के आधार बनाबे के बड़गो कारन इ हे कि बड़का हिस्सा में अपना प्रभाव रखला के बावजूद हमनी अपन भाषा के प्रयोग करे में सकुचा ही। प्रयास ह कि एकर माध्यम से मगही के प्रयोग बढ़त आउर अपन मट्टी के याद आवत। अगर कहीं कमी-बेसी होल होत त माफ करथीन। साथे-साथ अपन टीका-टिप्पणी भी देथिन जेकरा में कि आगे सुधार आबे।

अपने के नेह के इंतजार में

शिशिर कुमार पाण्डेय

1

नेह-छोह

जमुनापुर के एगो बड़का किसान हला, नाम हल रामखेलावन सिंह। पंचकोशी में कोई इनकर टक्कर के किसान न हल। तीन बराहिल आउर छो हरवाहा रख हला रामखेलावन सिंह। खेती भी पूरा मन से कर हला। खलिहान में अनाज के अटान न रह हल। उनका दु बियाह होल हल। पहला घर से एक बेटा दे के उनकर पत्नी स्वर्ग सिधार गेली। बहुत मान मनौवल के बाद उ दोसर बियाह खातिर तैयार होला। उनका बार बार यही डर सतावे की सतेली माय के व्यवहार उनकर बेटा के प्रति कइसन रहत। बाकी उनकर इ संशय जल्दिये दूर हो गेल। नयकी पत्नी बड़ी विचारवान मिलली। उनका से बहुत जल्दी घुल मिल गेला बड़का बेटा रामाशीष। बालक रामाशीष के लाड़ प्यार करे में नयकी माय कोय कमी न रख हली। दूसरा घर से रामखेलावन सिंह के एक लड़का और एक लड़की भेल। नाम रखल गेल रामचन्द्र औउर भगवतिया। समय के साथ रामखेलावन सिंह के संपत्ति बढ़े लागल औउर तीनों बच्चों के आपस में प्रेम भी। रामाशीष, रामचन्द्र से छो साल और भगवतिया से नौ साल बड़ा हला। दुनों भाई बहिन रामाशीष के दद्दा दद्दा कहते न थक हल। जब रामाशीष सोलह बरस के होला तबे से सारा गृहस्थी के भार अपना ऊपर लेवे लगला। खेत खलिहान, जुताई, बुआई, कटाई से लेकर हर हिसाब तक से रामखेलावन सिंह के मुक्त कर देलका। उनकर निष्ठा लगन औउर परिवार के प्रति प्रेम देख गांव जेवार के लोग कहे लगलन कि रामखेलावन सिंह पिछला

जन्म में बड़ा पूण्य कैलथिन होत जे रामाशीष जइसन बेटा पैलथिन।

रामाशीष, रामचन्द्र के कभी एक खेर भी उठावे न दे हला। उठला से सुतला तक खाना, पीना, नहाना, धोना सब क्रिया दुनों भाई के साथे होव हल। जे दिन रामाशीष के घर आवे में देर होव हल उ दिन रामचन्द्र भी भुखले रह जा हला। कभी कभी नयकी माय कह भी हलथिन कि रामचन्द्र के भी कुछ खटावे के चाहीं। रामाशीष जबाब दे हला कि जब तक हम जिंदा ही रामचन्द्र राजा बनके रहता। हमरा मरे के बादे उनका सोचे के जरूरत पड़त। नयकी माय अपन हाथ से मुंह बन्द कर दे हली रामाशीष के आउर छाती से लगा के अंचरा से लोर पोंछते कह हली- मरे तोर दुश्मन। रामखेलावन सिंह ई दृश्य देख के गदगद हो जा हला। रामचंदर के मैट्रिक के परीक्षा चल रह हल। उनका खातिर घी दूध आदि ले के रामखेलावन सिंह शहर जा रहला हल। गाँव से पक्की सड़क दूर हल। अचानक अलंग से जईते समय रामखेलावन सिंह के एगो सांप काट लेलक। चारों तरफ हाहाकार मच गेल। सब गुनी ओझा अइलन लेकिन रामखेलावन सिंह परलोक सिधार गेला। रामचंदर परीक्षा छोड़ के घर अइला औउर पिता के लाश पर गिरके रोवे लगला। रामाशीष सिंह उनका उठाके जे बात बोललन उ सुन के लोग बाग सन्न रह गेल। रामाशीष भर अँकवार पकड़ के रामचंदर के कहलका - तूँ काहे रोव ह बाबू? तोर बाप न मरला ह। हमर बाबुजी भले मरला ह। देखअ तोर बाप तोरा सामने खड़ा हो। खबरदार जो आज के बाद से आंख में आँसू लएल त हमर मरले मुंह देखिह। अब तो जेतना लोग हला, सब के आंख से लोर के झड़ी लग गेल। रामाशीष सिंह नयकी माय के पैर पकड़ के बोललन- हे माय, अब तो जे ह सब तूंही ह। तोर एक चरण से हम हमेशा बाबुजी के चरण स्पर्श करम। रामखेलावन सिंह के श्राद्ध में रामाशीष सिंह दिल खोल देलका। कभी कभी नयकी माय कह भी हली – जाय बाला तो चल गेलथून। आगे के रास्ता देखीये के काम करीह। रामचंदर और भगवतीया भी तो तोरे पर न हो? रामाशीष सिंह जबाब दे हला- माय जे हमरा श्रद्धा हो, उ पूरा कर लेवे द। बाबूजी फेर लेवे न अयथीन। पचिस गाँव के ब्राह्मण के भोज दक्षिणा आउर लगभग दस हजार आदमी के भोजन होल हल रामखेलावन सिंह

के श्राद्ध में। पुरोहित जी के बरखासन मे सौ मन गल्ला आउर दु बीघा जमीन भी देलका रामाशीष बाबू। चारों ओर उनकर चर्चा होवे लगल।

दोसरा साल रामचंदर के मैट्रिक पास करावे खातिर रामाशीष सिंह प्रयास कैलका। मुदा रामचंदर सिंह साफ मना कर देलका। उ कहलका की जे परीक्षा हमर बाप के खा गेल हम ओकरा मे शामिल न हो सक ही। रामाशीष सिंह के अथक प्रयास के बावजूद रामचंदर सिंह टस से मस न होला। आखिर उ मैट्रिक पास न कर सकला। रामखेलावन सिंह के मरला के बाद रामाशीष सिंह पर दुमन बोझ लदा गेल। एक दिन रामचंदर सिंह अपन भाई से कहला की हम जान ही की हमर परीक्षा छोड़ देवे से अपने के दुख होल ह। लेकिन ओकरा से जादे दुख हमरा होवे है जब हम अपने के बैल नियन खटते देख ही। हम भी अपने के सहयोग करेला चाह ही। रामाशीष सिंह प्यार से छोट भाई के माथा पर हाथ रख के कहलन की अभी तू बच्चा ह। खेल खा आउर आनंद कर। ई खेती बाड़ी तोहरा से न हो पइतो। नयकी माय कह उठलन- रट मरे बैलवा, बैठ खाय तुरंगवा, अयसन न होवे के चाही। कुछ रामचंदर के भी ज़िम्मेदारी द बड़का बउआ। नयकी माय के इच्छा रामाशीष सिंह खातिर आदेश हल। रामचंदर सिंह गणित मे तेज हला। ई खातिर हिसाब किताब, आमद रफ्त के ज़िम्मेदारी रामचंदर सिंह के मिलल। जब दोनों भाई मिल के गृहस्थी चलावे लगला त मानअ कि लक्ष्मी बरसे लगलि। हर साल फसल के हिसाब करके चार से पाँच बीघा जमीन खरदाय लगल।

एक दिन रामाशीष सिंह थोड़ा देरी से घर पहुंचला। देखला कि घर मे सन्नाटा है। साँझ बाती भी न होल हल। लौड़ी, बराहिल सब लापता। उ घबरा के पुकारे लगला- ए माय, ए भगवतिया, ए रामचंदर। भगवतिया धीरे से बोलली- ईहाँ हियन दद्दा। लगभग दौड़ के रामाशीष सिंह माय के कमरा मे गेला, त देखला कि तीनों चुपचाप बैठल हथ। रामाशीष सिंह थोड़ा आवेश मे आ के कहलन – बताब! तोहनी ईहाँ बैठल ह, हमर त प्राणे सुखल हल। का बात हो? नयकी माय कहलन – बड़का बउआ लग हे कि हमरा नरके जाय के लिखल हे। ई तो अपने चले गेलन, आउर हमरा छोड़ गेलन। रामाशीष सिंह नयकी माय के पैर पकड़ के कहलन – मैया ई मत कह, तोहरा जे अनुष्ठान करे के हो, हमरा कहअ। तोहरा

चारों धाम के दर्शन करावे खातिर तोहर बेटा बैठल हे। आदेश करअ। चमनिया मुस्कान देके रामचंदर सिंह बोललन –दद्दा, माय के मन में कुछ और बात है। रामाशीष सिंह कहलन- आँय माय, तू तो हमरा से कोई बात पर्दा में नै रखल ह, फिर ई कौन अइसन बात है जो तोर बेटा न जान सक है। भगवतिया खिलखिला के कहली- खाली तोहरे जाने के बात है दद्दा। रामाशीष सिंह भगवतिया के माथा पर थपकी दे के कहलन- त तू ही बतावअ न बुन्नी। तब तक नयकी माय तपाक से बोलली- तोहरा इहे लग्न में बियाह करे पडतो बड़का बउआ। रामाशीष सिंह कहलन- बियाह तो ईहे लग्न में होत माय, मुदा हमर न, बुन्नी के, ई हमर अटल फैसला है। नयकी माय रामाशीष सिंह के हाथ पकड़ के कहलन- देखअ, बड़का बउआ, बात के समझ और याद करअ बाउजी के मरला पर बुतरुअन के का कहला हल? इनका गेला के बाद, तो सब जिम्मेवारी निभाभही पडत। बुन्नी के घिढाड़ी कैसे होत, के करत? नयकी माय के ई बात रामाशीष सिंह के कान में गरम पिघलल लोहा जैसन लगल। उ हामी भर देलका। नयकी माय कहलन कि पोता के लकड़ी ले के अब हम स्वर्ग चल जाम। रामाशीष सिंह के शादी हो गेल। बड़की दुल्हिन रामाशीष सिंह से भी दु डेग आगे हली। जैसन स्नेह रामाशीष सिंह के परिवार के प्रति हल, ओकरा से ज्यादे प्रेम बड़की दुल्हिन अपना परिवार से कर हलीं। भगवतिया के बाद रामचंदर के भी बियाह भेल। रामाशीष सिंह और रामचंदर सिंह दुनों के दु दु गो बेटा होवे से घर गुलजार हो गेल। समय बीतल, अब सौ बीघा खत दु सौ बीघा पार कर गेल। दुनु भाई और दुनु गोतनी के नेह छोह गाँव भर के मिसाल बनल हल। बच्चा बुतरु भी धीरे धीरे बड़ा होवे लगल। सब के मुंडन से लेके शादी तक रामाशीष सिंह अपना हिसाब से कैलका। एक दिन नयकी माय भी विदा हो गेली। उनकर श्राद्ध में भी वही खर्चा होल जे रामखेलावन सिंह में होल हल। बल्कि कहीं उनको से ज्यादा। नाबालिग रहते बाप के श्राद्ध में जे ख्याति दुनों भाई के मिलल हल उ माय के काम में न मिलल। अथाह खर्चा के वावजूद अनेक पंगत में मिठाई घट गेल। श्राद्ध के बाद एकरा पर चर्चा होल पता चलल कि जेतना समान रामाशीष सिंह दोनों भाई मंगइलन हल ओतना नै आल हल। दोनों भाई के बेटा लोग एकरा

मे कोति मार लेलका हल। एही कलह के वजह बनल। अब रामाशीष सिंह हिसाब लेवे लगलन ई बात पर महाभारत हो गेल। रामचंदर सिंह के बेटा लोग रामाशीष सिंह के कहलन कि "तू तो हमर बाप माय के बुड़बक बना के रखल हल बड़का बाबू। सब जगह सरदारी मे तू बेईमानी कईल ह। ई पर रामाशीष सिंह के बेटा पुतहु आवेश मे आ के कहलन कि हिसाब किताब तो तोर बाप रामचंद्रा रख हलौ। ईहे पक्का चोर हौ। गाली गलौज शुरू हो गेल। मार पीट होवे लगल। गाँव गिराँव जुटे लगल। आज पहिला बार ई घर से झनकट के आवाज आल हल। गुंडा सब आँख सेंके लागल। थोस थाम होला पर लड़ाई रुकल।

आज रात चार आदमी जगल हला, दुनु भाई आउर दोनों गोतनी। करवट बदल के रामाशीष सिंह, रामचंदर सिंह से बोललीन – रामचंदर, सुतल ह बाबू?

न दद्दा, अब नींद कहाँ? जे बाप के मरला पर दुसर बाप बनके हमरा पललका, उ आज हमर बाल बच्चा से बेईमान बन गेला। फुट फुट के रोवे लागला रामचंदर सिंह।

रामाशीष सिंह उनका अँकवार मे पकड़ के कहलका कि आज तू भी तो भतीजा से चोर बन गेला। दोनों भाई एक दूसरा के चुप कराव हला आउर फिर से रोवे लग हला। घर के अंदर दुनों गोतनी मे भी यही बात हो रहल हल।

प्रातःकाल रामाशीष सिंह छोटका भाई के लेके शिवाला पर गेलन। रामाशीष सिंह, रामचंदर सिंह से कहलन कि बाबू, दु चीज मांग हियो, देवअ? रामचंदर सिंह रातों भर रोला हल, भरभराके कहलन-दद्दा आज परानो मांगव त दे देम। रामाशीष सिंह कहलन- पहिला त ई कि तू हमरा से छो बरिस के छोट ह, पहिले हम जैबो त तू जईह। रामचंदर सिंह कलपते कहलन कि ई तो विधाता के हाथ मे हई दद्दा, फिर भी हम वचन दे हियन। और दूसरा – बाबू अब हमनी के अगनी परीक्षा के समय आ गेल ह, सही समय पर सही निर्णय लेवे के चाही। कल जे होल ह, ओकर बाद कुछ भी बाकी न हे, ई लिए, सड़ल पान कतरले भला। आज बंटवारा कर ल।

बंटवारा के नाम सुन के लगभग अचेत हो गेला रामचंदर सिंह। बड़का

भाई के गोड़ पकड़ के कहलन, दद्दा, एकरा से बढ़िया हमर प्राणे ले लेत हल। रामाशीष सिंह, रामचंदर सिंह के समझावे लगलन। दोपहर तक के घर न पहुंचे के बाद खोजाहट होवे लगल। दोनों भाई के खोजते बेटा सब शिवाला पर अइलन। वहाँ से दोनों भाई घर अइलन। आँगन मे आ के रामाशीष सिंह सपरिवार के बोलइलन- कहलन बंटवारा ही अंतिम विकल्प हे। सबके बेटा पुतहु के बांछे खिल गेल। दुनों गोतनी पछाड़ खा के गिरे लगली। शांतिपूर्वक, सब जमीन जायदाद के बंटवारा कर देलका रामाशीष सिंह। पैसा कौड़ी हईले हल, नया मकान दुनों आदमी के बनल। लेकिन एक बात ई जरूर भेल कि जब से बंटवारा होल तब से रामाशीष सिंह और रामचंदर सिंह कमजोर पड़े लगलन। खटास दुनों परिवार मे ई कदर बढ़ गेल कि आन जान, खान पान, बैना पेहानी सब छुट गेल। दुनों भाई के बीच भी एक अदृश्य दीवार खींच देलक, दोनों के बेटा पुतहु। गाहे बेगाहे, गली से गुजरते अपन छोटका भाई के देख ले हला रामाशीष सिंह। बिछौना पर पड़ल पड़ल रामचंदर सिंह दद्दा के हाथ जोड़ दे हला आउर रामाशीष सिंह दिन भर उनका आशीर्वाद दे हला। धीरे धीरे घर से बाहर निकले पर भी पाबंदी लग गेल।

एक दिन गाँव मे गोदाल होल। रामाशीष सिंह अपन पोता से पुछलन – कि बात हे। पोता कहलक छोटका बाबा जा रहलथीन ह। गंगाजल पड़ते हई। एतना सुनना कि रामाशीष सिंह चमक के उठलन। बेटा पुतहु पुकारते दौड़ल। न जाने कहाँ से एतना समांग आ गेल हल, रामाशीष सिंह में। एक मिनट मे अपन भाई के सामने पहुँच गेला रामाशीष सिंह। रामचंदर सिंह के हाथ अपन हाथ मे लेलका। रामचंदर सिंह के आँख मे चमक आ गेल, दद्दा कहते उनकर प्राण छुट गेल। रामाशीष सिंह गरजला- अरे बाबू, तू तो शिवाला मे हमरा वचन देला हल कि हमर बाद तू जइब। तू हमरा से बईमानी कईल। तू सच मे बेईमान ह। कह के धड़ाम से गिर गेला रामाशीष सिंह। उनकर प्राण पखेरू भी उड़ गेल। हाहाकार मच गेल। अब भी दोनों भाई के हाथ एक दूसरा के पकड़ मे हल। लोग केतना भी प्रयास कैलन पर दोनों के हाथ अलग न होल। कहल जा हे कि मृत्यु तो बंधन मुक्त होवे के नाम हे। लेकिन ई कौन बंधन हल जे मृत्यु के बाद और मजबूत हो गेल हल। दोनों के एक ही रंथी पर साजल गेल।

ऐके चिता पर दुनु भाय के अंतिम संस्कार भेल।

आज उ दोनों परिवार मे फिर वही प्रेम हे जे पहले हल।मुदा इ देखे खातिर रामाशीष सिंह आउर रामचंद्र सिंह न हथ । शायद प्रेम के देवी ई दोनों भाई के बलिदान ले के तृप्त भेली।

2

श्रवण कुमार

नवादा जिला के एगो गाँव में रह हला गजाधर पांडे। गजाधर पांडे तीन विषय से आचार्य हला। जजमानका कर हला। दसकोसी में इनकर टक्कर के ज्ञानी न हल। जब मंतर पढ़े लग हला त मान कि जनरेटर जइसन लगातार पढ़ हला। जिला जवार के जेतना बच्चा-बुतरु हल उ सब के कुंडली गजाधर पांडे के हाथ से बनल हल। भोरे आउर सांझे दु घंटा पूजा करअ हला गजाधर पांडे। शादी बियाह मरनी हरनी अखंड यज्ञ इ सब करावे के तो पारंगत हला। बोली तो अइसन जइसे मध चुए। बच्चा हो चाहे बूढ़ा सबसे प्रेम से बोल हला। गाँव जवार के कोय लड़की विदा होवे चाहे पुतहु आवे, सीरा-पीठा में गोड़ लगे के पहिले उ गजाधर पांडे के गोड़ लग हली। दिन भर जमघट लगल रह हल गजाधर पांडे के दुआर पर। उनकर पतरा जब आठ बजे खुलअ हल त आठ बजे रात में बंद होव हल। पत्नी भी बड़ी लायक हली। लक्ष्मी माय के भी अच्छे किरपा हल। पंडिताइन के अलावे भी बड़ा गुनी हला गजाधर पांडे। मिठाय बनावे से लेके छप्पर छारे तक सब गुन हल उनका में। इ बात के ध्यान जरूर रखअ हला कि कोय जेजमान के स्वागत में कमी न रहे। दुनु लगमान के दूध चाइए में उठअ हल। घर के काज-बाट करते भर में पंडिताइन सब के चाय पिलावअ हली। बियाह के पचिस बरस बीत गेल हल। बाकी अब तक पंडिताइन के गोदी खालीए हल।

एक दिन काशीजी के पंडाजी अइलन। उनकर रहे सहे के वेवस्था गजाधर पांडे हीं होल। काहे कि एतना पवितर चौका तो केकरो हल न। दुनु बेकत बहुत मन से सेवा कइलन पंडाजी के। जब पंडाजी जाय लगलन त दुनु बेकत के कहलन – "हे बाबा विश्वनाथ अइसन देवता देवी नियन लोग निरवंश रहता। अगर अइसन रहतइ त के तोरा पर विसवास करतो? गजाधर जी तोरा बंस जरूर होतो। हमरा बाबा विश्वनाथ जी पर पूरा भरोसा हे"। अपन झोला से एगो सेव निकाल, अभिमंत्रित कर के देलन पंडाजी। पंडिताइन ओकरा अपन अँचरा पसार के लेली। फिर पंडाजी कहलन – जइसन तू हमर आउर सकल समाज के सेवा कइलअ ह तोरा साल भर के अंदर सेवा करे वाला मिल जयतो। बउआ होवे के बाद बाबा के दरसन दुनु बेकत जरूर करीहअ। पंडाजी एतना कह के चले लगलन। उ जगह दस बीस लोग हला। सब अपन अपन देवी देवता के गच्छे लगलन। "हे प्रभु दीनानाथ, पंडा जी के मुंह में शंकर के वास होवे। एगो लोर पोछना हमर गजाधर मीरा के दे देहो प्रभु। औरत सब अपन अपन लोर पोछे लगली।

पंडाजी के बात सत्य होल। साल भर के भीतर पंडिताइन के लड़का होल। पूरा गाँव जवार में खुशी के ठेकाना न रहल। बुतरु के नाम रखल गेल – विश्वनाथ। जब पाँच बरस बीत गेल त एक दिन पंडिताइन कहली- "बउआ अब पौधगर हो गेलथीन ह। पंडाजी कहलथीन हल कि बाबा विश्वनाथ के दरसन सब परानी के करे ला। गजाधर पांडे तैयार हो गेलन। सावन महीना में सबलोग बनारस जाय के तैयारी करे लगलन। गजाधर पांडे कभी एतना दिन खातिर गाँव से बाहर न गेलन हल। पूरे गाँव के घरे-घर उनका खातिर पुआ-पकवान, निमकी बने लगल। गाँव के पचासन लोग उनका गाड़ी पकड़वावे ला अइलथीन। गजाधर पांडे सपरिवार बाबा विश्वनाथ के दर्शन करलन। शाम में गंगा आरती के बाद बड़ा देर तक गंगाजी के किनारे बैठल रहलन। अब ई तय होल कि कल भोरे गंगा स्नान करके घर लौट जाय के चाहिँ। सूर्योदय से पहले सब लोग गंगा घाट पर पहुँच गेलन। पंडिताइन पहिले नहाय खातिर गंगाजी मे उतरली मगर इ का- उ जे डुबकी मारली से बाहर न निकलली। गजाधर पांडे चिल्लाय लगलन – दउड़ हो बाबू हमर बेकत डूब रहली ह। उ समय

वहाँ भीड़ कम रहे। धीरे धीरे भीड़ जमा होवे लगल। कुछ लोग पानी में कुदलन मगर खाली हाथ वापस अइलन। परसासन और पुलिस भी दिन भर खोजलक लेकिन सब व्यर्थ। पंडिताइन न मिलली। गजाधर पांडे कभी ज़ोर ज़ोर से अपने रोवअ हला आउर कभी अपन गोदी में बालक विश्वनाथ के लोर पोछअ हला। थक हार के गजाधर पांडे कुश के पुतला के अंतिम संस्कार कइलन आउर लौट के गाँव वापस अइलन।

काम किरिया समाप्त होल। नाता कुटुम, हित-संबंधी सब अपन-अपन घर गेलन। अब घर में बच गेलन दु आदमी। विश्वनाथ आउर गजाधर पांडे पर छो मन लोहा लदा गेल। घर-बाहर के अलावा अपना जेजमनका भी देखे पड़ हल। कुछ लोग इनका सलाह देलन कि अभी जादे उमर थोड़े होलन ह अपने के, दोसर बियाह कर लेथीन। इधर मलकिनी भी मिल जात आ बउआ के माय भी। एतना लंबा जिंदगी कैसे काटथीन। सुन के चुप रह जा हलन गजाधर पांडे। केकरो उत्तर न दे हलन। उ मन मे निश्चय कर लेलन हल कि कुछो हो जात, हम दुसर बियाह न कर सकअ ही। अब जे बाबा भोला के मर्जी होत ओकरा मानम। समय बीते लगल।

बालक विश्वनाथ अब किशोर हो गेला। पढ़े-लिखे में जेतना तेज हला समाजिकता में ओकरे से दु डेग आगे। भोरे उठ के गाय-गोरू, चूल्हा-चौका कर ले हलन विश्वनाथ। स्कूल से सीधे घर आव हला। इहाँ तक कि रस्ता के वामे-दहीने भी न देखअ हला। घरेलू काम कर के अपन बाबूजी के पैर दबइते-दबइते उ सारा विद्या सीख लेलन। अब तो अपन बाबूजी के पंडितारे में भी हाथ बंटावे लगलन। जब लय के साथ मंतर पढ़अ हला विश्वनाथ त लोग मंत्रमुग्ध हो जा हलन। प्रवचन आउर शास्त्रार्थ में तो उनकर जोड़ा केवल गजाधर पांडे हला। पंद्रह बरस के उमर होते होते उनकर ख्याति गजाधर पांडे जइसन फैल गेल। मैट्रिक में जिला टॉप कइलन विश्वनाथ। आगे पढ़ाई ला जब गजाधर पांडे कहलन त साफ मना कर देलन विश्वनाथ। केकरो समझावे के कोय असर न पड़ल उनका पर। एक दिन मुखिया जी कहलन – अपने तो जिला टॉप कैलथिन ह विश्वनाथ बाबा, अइसे एकाएक पढ़ाई छोड़ देना अच्छा बात न हे। अगर पइसा-कौड़ी के दिक्कत हन त बोलथीन। विश्वनाथ कहलन – पइसा-कौड़ी के बात न हई चच्चा। मान ल कि हम पढ़ के डॉक्टर इंजीनियर बन

भी गेली त ओकरा से खाली हमरे न सुख होत। जे बाबूजी हमरा खातिर अपन पूरा जीवन खपा देलन उनका छोड़ के हमरा परदेस में रहे पड़त। हम भगवान के साक्षात न देखली ह। मगर हम एतना जरूर जानअ ही कि बाबूएजी हमर भगवान हथ। हम अपन निर्णय न बदल सकअ ही। हम इ जानअ ही कि पइसा जरूरी हे लेकिन पइसा खातिर हम अपन ईश्वर के लात न मार सकअ ही। अब जे होवे के है उहे होतै। मुखिया जी लपक के उनका छाती से लगा लेलन। उनकर आँख से झर-झर लोर गिरे लगल। कहलन – हे मीरा, हम श्रवण कुमार के बारे में सुनले रहली पर आज देख भी लेली। जेतना लोग उहाँ हला सब धन्य-धन्य कहे लगलन।

पाँच-सात बरस बीतते-बीतते विश्वनाथ चारों वेद, अठारहों पुराण, कुल उपनिषद, सब संहिता, गीता, महाभारत, रामायण कंठस्त कर लेलन। उनका सब ग्रंथ के पन्ना तक याद हो गेल। उमर के प्रभाव से जब कुछ भुला जा हलन गजाधर पांडे तब तुरंत ओकरा याद दिला दे हलन विश्वनाथ। जब दुनु बाप बेटा एक जगह बैठअ हलन त अइसन लग हल कि मानअ भोला बाबा आउर गणेश जी हथ।

समय के अनुसार एगो खानदानी घर देख के गजाधर पांडे विश्वनाथ के वियाह कर देलन। पुतहु के नाम लक्ष्मी रहे आउर नाम के अनुसार काम भी। अइते के साथ पूरा घर सम्हार लेली। पति आउर ससुर के सेवा में दिन रात लगले रह हली। दु तीन बरस ठीक से बितल। एकाएक गजाधर पांडे के तबीयत बिगड़े लगल। नवादा, बिहारशरीफ़, गया में भी देखइला से लाभ न भेल। तब पटना से इलाज चले लगल। पटना में भी चार-पाँच डॉक्टर उनका देखलका तब विश्वनाथ के पता चलल कि बाबूजी के कैंसर है। अब त विश्वनाथ के गोड़ के नीचे से जमीन खिसक गेल। उ मन में सोचे लगलन कि हमर बाबूजी तो एगो चींटियों-पिपरिया के अहित न कइलन ह जीवन में। इनका अइसन कैसे हो गेल। उ भरसक परयास कैलन कि बाबूजी के इ बीमारी के बारे में पता न चले। पटना से डॉक्टर लोग के सलाह पर बंबई के बड़ा अस्पताल में भर्ती होला गजाधर पांडे। मंहगा इलाज हल आउर आमदनी के कोय साधन न। धीरे-धीरे सारा जमीन बिक गेल। मुदा बीमारी ठीक न होल। जब सात महिना बीत गेल त एक दिन गजाधर पांडे विश्वनाथ के कहलन- बेटा इ कौन बीमारी

हे जे ठीके न होव है। तोहनी दुनु बेकत हमर सेवा में लगल रह ह एकरा से अच्छा तो भगवान हमरा उठा लेतअ हल। लोर रोक के विश्वनाथ कहलन-डॉक्टर साहब से बात हो गेल ह दु-चार दिन मे छुट्टी मिल जात।

एक दिन विश्वनाथ आउर लक्ष्मी कहीं गेल हला। यही बीच में डॉक्टर साहब राउंड पर अइलन। गजाधर पांडे डॉक्टर साहब से पुछलन – हमर बीमारी कहिना ठीक होत डॉक्टर साहब? डॉक्टर साहब बोललन – इ बीमारी ठीक होवे वाला न हो बाबा। इ देह के साथे जईतो। गजाधर पांडे कहलन- डॉक्टर साहब हमर बेटा कभी झूठ न बोल है। उ कहलक है कि दु-चार दिन में छुट्टी मिल जात। डॉक्टर साहब कहलन- ठीके कहहो तोर बेटा। अब तोर बेटा के पास पइसा न हो। सारा जमीन-जायदाद बेच के तोर इलाज होलो ह। पइसा अब खतम हो गेलो ह त तोर इलाज अब यहाँ न होतो।

सुन के आसमान से गिरलन गजाधर पांडे। अपन सर-समान समेटे लगलन। थोड़ा देर के बाद विश्वनाथ दुनु बेकत अइलन। गजाधर पांडे उनका देख के रोते-रोते कहलन – काहे ला गोइठा में घी सूखा रहल ह बाबू? चलअ यहाँ से। अगर हम पहिले जानती हल कि तू हमर इलाज खातिर धुरे-धूर बेच देवअ त हम कबो हियाँ न आइती हल। हमर कि हो? हम तो अइसहूँ पकल आम हियो। बाप रे बाप तूँ अइसन काहे कइलअ बेटा? अब अफर के रोवे लगलन विश्वनाथ। कहलन – हमर जिनगी के सबसे बड़ा पूंजी तो अपने ही न हथिन। हम अपने नजर के सामने अपन पूंजी न बरबाद होते देख सकअ ही। अगर अपने कि बचावे में हमरा अपन खूनों बेचे पड़त त बेचम। इ देहिया त अपनहीं के न हन बाबूजी? गजाधर पांडे भरभरा के एक बगल में बेटा आउर एक बगल में पुतहु के छाती से साट के रोवे लगलन। पइसा जमा ना होवे के वजह से अस्पताल से उनकर नाम कट गेल।

आज गजाधर पांडे बड़ा खुश हला कि इ चक्कर से छुटकारा मिलल। अब जे होवे के होत घरहीं होत। ट्रेन में सब बेकत बइठलन। दु दिन गाड़ीये में बीतल। अस्पताल से बाहर निकले के खुशी में खूब सुतला गजाधर पांडे। एकाएक विश्वनाथ उनका उठावे लगलन। बाबूजी उतरथीन न। स्टेशन पर उतर के कमजोर नजर से बोर्ड पढ़लन गजाधर

पांडे। लिखल हल बनारस। आश्चर्य से विश्वनाथ से पुछलन -बनारस काहे बाबू? हमनी के तो गया न उतरे के रहे? बिना कुछ बतइले विश्वनाथ आउर उनकर पत्नी गजाधर पांडे के हाथ पकड़ के धीरे-धीरे स्टेशन से बाहर लइलन। फिर टेम्पु से लंका आउर फिर बी॰ एच॰ यू॰ के कैंसर विभाग में।

बनारस में फिर भर्ती हो गेला गजाधर पांडे। दुनु बेकत दिन-रात सेवा में लगल रह हलन। एक महिना बीत गेल। एक चीज देखअ हलअ गजाधर पांडे कि जब से बनारस अइलन हल तब से विश्वनाथ दिन भर उनका पास न रहअ हला। आउर रात में जा आबअ हला त बड़ा मलिन होके। एक दिन गजाधर पांडे पुछलन – बउआ, तू दिनोंदिन मलीन काहे होल जा ह। हँसके विश्वनाथ कहलन- हियाँ धूप आउर गर्मी जादे हई बाबूजी। एक दिन डॉक्टर साहब इनकर सामने ही विश्वनाथ से कहलन – अब इनका घर ले जा। भगवान के भजन करथीन। अब बस ओहे सहारा हथुन। हॉस्पिटल के पास में ही विश्वनाथ एगो कमरा ले लेलका और तीनों जन रहे लगला। उ कमरा कच्चा रहे। एक दिन एगो आदमी विश्वनाथ के खोजते आल। उ समय कमरा में अकेले हला गजाधर पांडे। उ पुछलन – कि बात हे बाबू? तब उनका पता चलल कि विश्वनाथ दिन भर भाड़ा पर रिक्शा चलाव हथ। इ रिक्शा के मालिक हला जे भाड़ा वसूले खातिर अइलन हल।

शाम के जब विश्वनाथ अइलन त गजाधर पांडे कहलन- मुखिया जी ठीके कह हलन बाबू। तू कलजुग के श्रवण ह। पिछला जनम में तोर करजा खइलियो होत बेटा, जे इ जनम में तू सधा रहलअ ह। हे बेटा, हम तोर गोड़ पड़अ हियो, तू काहे ला हमरा खातिर अपन जीवन होम करअ ह। अब हमरा में कुछ न हो। बीमारी से एकदम क्षीण पड़ गेला हल गजाधर पांडे। एकाएक गिर पइलन गजाधर पांडे। आननफानन में अस्पताल ले जाल गेल। मालूम होल कि इनका गरदन से नीचे लकवा मर देलक। दस दिन अस्पताल में रहके फिर वापस वहीं कोठरी में आ गेलन गजाधर पांडे। बेटा पुतहु सेवा में दिन-रात एक कर देलक।

गरदन के ऊपर के भाग तो एकदम ठीक हल गजाधर पांडे के। एक दिन उ अपन कान से बेटा-पुतहु के बात करते सुनलन। विश्वनाथ लक्ष्मी

से कह रहलन हल- हम कल गाँव जा ही। घर बचल हे। उ बेचे खातिर। तू बाबूजी के सेवा करीहअ आउर अगर पूछथिन त इ मत बतइहअ कि हम गाँव गेली ह। लक्ष्मी कहलकी – देखअ अगर तोरा खूनों बेचे पड़तो त मत हिचकिहअ आउर अगर हमरा अपन किडनियों बेचे पड़त त न हिचकम। बाबूजी के बचाना हमनी के परम धरम हे।

इ सब सुनकर गजाधर पांडे के अइसन लगल जइसे कोई गरम लोहा पिघला के उनकर कान में डाल देलक ह। उ ज़ोर से चिल्लइलन – पानी। दुनों बेकत पानी ले के दौड़लन। गजाधर पांडे जेतना पानी पीलन ओकरा से जादे तो उनकर आँख से बह गेलन हल। पानी पी के आँख के इशारा से दुनों बेकत के बैठला कहलन आउर लड़खड़इते आवाज में कहलन- बेटा हमर एगो अंतिम इच्छा पूरा करअ। "बेटा हम काशी करवट लेवे ला चाह ही"। अगर मना कर देल त तोर माय के किरिया तोर देल एको पिंड हमरा न पैठ होवे।

सुन के सन्न रह गेला दुनों बेकत। विश्वनाथ गजाधर पांडे से लिपट के कहलन- एही ला हमनी एतना ढाढ़स रखले हली। बाबूजी हम गोड़ पड़अ ही। अपन बात वापस ले लेथिन। लक्ष्मी भी जार बेजार रोवे लगली। गजाधर पांडे कहलन – बेटा, संकोच मत करअ। अंतिम इच्छा तो दुश्मनों के भी पूरा कइल जा हे। देखअ अगर हम काशी करवट लेम तबे हमरा मुक्ति मिलत। तोर माय के पास जाय के बस यही एगो रास्ता हो। हमरा एकरा से अलग मत करअ। विश्वनाथ मौन हो गेलन। खाली उनकर आँख से पानी बहते रहल।

भोरे तीन बजे एगो नाव तय कइल गेल। गजाधर पांडे के अपन हाथ से पूर्ण सिंगार कइल विश्वनाथ। पीला कुर्ता, पीला धोती, रुद्राक्ष के माला, मलयागिरि चन्दन लगइला के बाद अइसन लगल हला गजाधर पांडे मानो दूल्हा बाराती जा रहल हो। एकदम जीर्ण हो गेल शरीर के विश्वनाथ अपन गोदी में उठइलन बस ओइसहीं जइसे बचपन में गजाधर पांडे विश्वनाथ के उठावअ हलन। किनारे पर नाव लगल हल। अपन गोदी में बाबूजी के लेके नाव पर विश्वनाथ बैठलन। नाव जइसे ही किनारा छोड़लक विश्वनाथ के याद आवे लगल कि माय के डुबला पर बाबूजी कैसे हमरा गोदी में लेलका हल। गंगाजी के मध्य में ले जाके नाविक

इशारा देलक। पर इ का? विश्वनाथ नाविक के वापस किनारा पर ले जाय के आदेश देलन। गजाधर पांडे समझ गेलन कि विश्वनाथ हमरा काशी करवट न लेवे देत। पता न कहाँ से एतना ताकत आ गेल गजाधर पांडे के कि उ उछल के गंगाजी में उलट गेलन। डुबुक के एक आवाज भेल। बस वही आवाज जे माय के डुबकी लेवे घड़ी होल हल। विश्वनाथ आपा से बाहर हो गेलन आउर उ भी गंगाजी में छलांग लागावे वाला हला कि नाविक उनकर गोड़े पकड़ रोक लेलन आउर नाव किनारे ले आल। किनारे में माथा पकड़ के बैठके फुट-फुट के रोवे लगला विश्वनाथ।

कुश के पुतला बनाके दाह-संस्कार होल आउर अपन पत्नी के साथ विश्वनाथ गाँव लौट गेला। जेजमान सब के सहायता से नारायणबली श्राद्ध कैलका विश्वनाथ अपन बाबूजी के। पूरा जिला-जवार में विश्वनाथ श्रवण कुमार के नाम से विख्यात होला। गुणी तो हइए हला। पंडिताई के दम पर दस बीघा जमीन भी अरज लेलका।

आज सबकुछ है उनका पास। आज भी लोग-बाग उनकर पीछे आउर कुछ मुंह पर उनका श्रवण कुमार कह हथिन। जब भी उ अकेले होवअ हथिन ह गजाधर पांडे के तस्वीर के आगे खड़ा होके पूछअ हथिन – "का बाबूजी, हम सच में श्रवण कुमार हीं कि तोर हत्यारा"?

इ अपराध बोध से कहिना निकलथिन विश्वनाथ इ तो बाबा विश्वनाथे जानथिन।

3

होम करते हाथ जरल

रामचंदर पांड़े गाँव के बड़ा प्रतिष्ठित आदमी हला। सौ बीघा खेत, दस जोड़ा बैल, पाँच गो गाय, पक्का के मकान आउर बड़का दलान उनका पास हल। एकर अलावा बैंक मे भी दस लाख से जादे रुपैया जमा हल। तीन पीढ़ी से एकलौते हलन, ई चलते संपत्ति जस के तस रहल, बढ़ल बाकी घटल न। दलान पर हमेशा लोग के जमावड़ा लगल रह हल और चाय के केतली दिनों भर चढ़ले रह हल। बराहिल जी के सख्त ताकिद कैले हला रामचंदर पांड़े कि बैठका पर से कोई आदमी बिना चाय पानी के नै जाए। कोई व्यसन नै रखले हला रामचंदर पांड़े। गाँजा-भांग, खैनी-बीड़ी, सर-सिगरेट, से कोसों दूर औ दारू-ताड़ी के बातो कैला पर उ जुत्ते खोल के हाथ मे ले ले हला। संझौकी बेरा उनकर दलान पर रोज भजन-कीर्तन के मंडली जम हल, जे देर रात तक चल हल। जखने बड़का झाल उठा के रामचंदर पांड़े आरती गावे लग हला, तखने मंडली नाचे लग हल। ओकर बाद पूछाहट होव हल भोजन करे के। जिनखर मन होल खइलका न त रास्ता नपलका। कुल मिला कर के उनकर जोड़ के आदमी जवार भर मे कोई नै हल जे अतिथि सत्कार मे एतना रमल रहे। दुआरी पर केकरो अइला पर भगवाने बुझ हला रामचंदर पांड़े। उनकर धर्मपत्नी भी बहुत धार्मिक विचार वाली और पतिपरायन हली। गाँव के कोई भी शादी-बियाह, मरनी-हरनी में रामचंदर पांड़े के राय लेल आवश्यक हल। समाज के सब तबका मे उनकर बड़ी इज्जत हल। और एकरा जोगइले

भी हला रामचंदर पांड़े। लोग-बाग के कहना हल कि रामचंदर मीरा नियर आदमी शायदे कोई होतइ धरती पर। कैसनों बरियार लड़ाई रहे, जड़ियाल बरतुहारी रहे, बंटवारा रहे अथवा विवाद रहे सब के चट्टे सरिया दे हलन रामचंदर पांड़े। उनखर एक-एक बात कानून हल। कि मजाल कि गाँव के कोई मसला थाना पहुँच जाय ओकर पहले ओकरा सलटा दे हलन। एतना के बाबजूद अंदर से बड़ा दुखी रह हलन पांड़े और पड़ियाइन कि ई संपत्ति भोगे वाला कोई नै हल। शादी के बाईस बरस बीतला के बाद भी एगो बालक बिना घर-आँगन सूना हल लेकिन लोग के सामने एकरा कभी जाहिर नै कइलका रामचंदर पांड़े।

गाँव के स्कूल मे जब छुट्टी होव हल त अपना दलान के आगे से गुजरते बूतरुअन के बड़ी गौर से देख हला। लोग-बाग तो ताड़वे कर हल मुदा केकरो हिम्मत नै होव हल एकरा पर चर्चा करे के। एक दिन रमेसरा के तीन साल के लइका के कुत्ता धर लेलक। रामचंदर पांड़े इ देखला त न केवल उ बच्चा के बचइलका बल्कि बचवे के फेरा मे अपन पूरा देह झोलवा लेलका। बराहिल जी कहे लगला कि कौन जरूरत हलै पगला कुत्ता से भिड़े के? सरवा रमेसरा और ओकर मौग अपन बाल-बच्चा के देखवे नै कर है त अपने के कि जरूरत पड़ल हलइ, देखथिन पूरा देहिआ झोल देलकन ह। खाली जलमावे के शौख रह है सरवा सब के। भीड़ लग गेल हल, रामचंदर पांड़े बिफर के कहलन- चुप रह बराहिल जी, जे बोलल से बोलल, बाकी बात मुँहे मे रख, बुतरु कि होव है, ई हमर दिल जान है। कह कर के भरभरा के रोवे लगला रामचंदर पांड़े। सब लोग के आँख बरसे लगल और ओंठ बुदबुदाय लगल कि हे ईश्वर, इ तोर कौन इंसाफ हो कि अइसन देवता आदमी निरवंस रहे। दोहाई है महरानी मैया।

आषाढ़ी पूजा बड़ा धूम-धाम से मन हल इ गाँव में। इ बार अखंड करे के निर्णय होल। रामचंदर पांड़े सब खेवा-खर्चा देवे ला तैयार होला। गया से आचार्य बोलबल गेला। दुनू वेकत अनुष्ठान पर बैठला। पाँच गाँव के लोग भी अइला। सब के मुंह पर एके बात हल- हे दीनानाथ रामचंदर मीरा के एको नमलेवा दे देहु। पूर्णाहुति के बाद गढ़गर दक्षिणा देलका रामचंदर पांड़े आचार्य जी के। आशीर्वाद देवे समय आचार्य जी मुस्कुरा के कहलन- अगला साल फेर करे परतो इ अनुष्ठान। रामचंदर पांड़े मुस्कुरा

के कहलन – जानथिन दीनानाथ। एकरा पर आचार्य जी कहलन- कि अगला साल अपने सब हमरा फेर बोलइथिन हम जान हियइ। आसीन मे नउमीं के दिन हर साल रामचंदर पांड़े के घर गुलजार हल कारन कि गाँव के जेतना कन्या रह हला सब के खीर-पूड़ी के जेवनार दुनू वेकत अपन हाथ से कराव हला। परंतु इ कि अभी जेवनार शुरुए होल हल कि पंडिताइन आँगन मे एकाएक गिर गेली। मइयो-दइयो होवे लगल। कोई पंखा हौंके, त कोई पानी के छींटा मारे। बैद जी दौड़ल अइला,नव्ज टटोललका औ कहलन – मिठाई खिलाव मीरा,छोटका मीरा आवे वाला हथुन। एकर बाद तो पूरा माहौल बदल गेल। गाँव के महिला सब मंगल गीत गावे लगलन और सब के मुंह से बरबस निकले लगल जय जो महरानी मैया की। सबसे ज्यादा खुश तो रमेशरा हल, उ न आव देखलक न ताव, दौड़ के घर से जाके मंगरा लाके नाचे-कूदे लगल। सब कोई ओकरा रोक रह हल लेकिन उ कहाँ रुके वाला। सचे कहल जाहे की भावना के रोकना बड़ी कठिन होव हइ।

समय बीतल, चैत के रामनौमी के दिन अभिजीत नक्षत्र मे रामचंदर पांड़े के पुत्र रत्न के प्राप्ति होल। तिल रखे के जगह न बचल रामचंदर पांड़े के घर मे एतना आदमी के जुटान होल। भाई हो भी कैसे नै, एतना दिन के बाद सब के हिर्दय जुड़ाल ह। तहिना दिन मे होली और रात मे दिवाली मनइलक सारा गाँव। छठियारी में पंचकोशी के नेवता देल गेल। हजारो आदमी रामचंदर पांड़े के अंगना मे हाथ अचइलका और खोईंछा भर-भर के आशीष बालक के देलका। बराहिल जी कहलन –ठीके कहलका हल आचार्य, जे कहलथीन सचे होलइ, जौहरी हथिन एकर माने। लग है फेर अखंडवा करावहिं पड़तै नै मालिक?एकरा पर रामचंदर पांड़े कहलन – इ की कहला बराहिल जी, अमृत खइते दाँत कोथ होव है? तुहूँ बूढ़ारी मे सठियाइये गेला ह, अखंड होतइ और अबरी तोरो फलहारे पर रहे पड़तो। एही बीच मे पंचांग ले के सतनारायन मिशिर अइलन और राशि के आधार पर बबुआ के नामकरण पुरुषोतम कैलन। चारों तरफ चर्चा होवे लगल की केतना सुंदर नाम रखलका सतनारायन मिशिर, रामचंदर के बेटा पुरुषोतम, वाह वाह। दुगो नमरी और धोती ले के मिशिर जी विदा होलन।

फेर आषाढ़ के महिना आल, अखंड के तैयारी ज़ोर-शोर से होवे लगल। आचार्य जी अइला, उ तो धइले नय थमा रहला हल, उनकर भविष्यवाणी जे सच होल हल। अनुष्ठान पर बैठे के समय जब पियर धोती और गमछा पहनले रामचंदर पांड़े और लाल रत-रत साड़ी और सोलहो सिंगार कइले पंडिताइन गोदी मे पुरषोत्म के लेके अखंड परिसर मे घुसला त अइसन लगल मानो राजा दशरथ कौशल्या के साथ श्रीराम के गोदी में लेके आ गेलन। मर्यादा पुरुषोत्तम श्री रामचन्द्र भगवान की जय के उद्घोष से पूरा आसमान गूंज गेल। अनुष्ठान समाप्त होल,दक्षिणा के समय आचार्य जी कहलन – सोना देलियो ह सोना लेवो। मुस्कुरा के रामचंदर पांड़े अपन गियारी के सिकरी खोल के आचार्य के गला मे डाल देलन। आचार्य रामचंदर पांड़े के यशस्वी, पंडिताइन के सौभाग्यवती और पुरषोत्म के चिरंजीवी होवे के आशीर्वाद देलन। रात मे देवालय मे ही कीर्तन जम गेल। "इतना तो करना स्वामी जब प्राण तन से निकले" इ भजन रामचंदर पांड़े अपने उठइलका, अइसन लगल कि स्वयं सरस्वती उनकर कंठ मे विराजमान हो गेली ह। गइते-गइते एकदम भाव विह्वल हो गेला रामचंदर पांड़े। उठ के बड़का झाल बजावे लगला। पर ई की! धड़ाम से मुंहे भार गिर गेला। कीर्तन मंडली मे हाहाकार मच गेल। पूरा गाँव दौड़ गेल। उनका ढो-टांग के दलान पर लावल गेल। पंडिताइन बधहवास दलान मे अइली। भीड़ चीर के बेसुध पड़ल अपन पति के झोले लगली, कहे लगली कि - अभी न तू ठीक हल। की हो गेलो तोरा? कोई पुरषोत्म के ला के पंडिताइन के गोदी मे रख देलक। उ कहे लगली की पुरषोत्म बबुआ उठइते हो अब तो उठ जा । बैद जी अइला, नव्ज टटोललका औ बोलला – समाप्त हो गेलथुन। करुण चित्कार से आसमान के छाती फट गेल। सब लोग छाती पीट-पीट के कहे लगलन- जो रे विधाता,तोर इहे न्याय हौ। सब कहे लगलन- आज खाली पुरषोत्म अनाथ नै होलन ह, पूरा गाँव अनाथ हो गेल। रामचंदर पांड़े के अंतिम विदाई होवे लगल, सब जार-बेजार रो रहला हल। सिल पड़ल माई के गोदी मे नन्हा पुरषोत्म टुकुर-टुकुर अपना पिता के जइते देख रहला हल। रामचंदर पांड़े अपन चेहरा पर मधुर मुस्कान लेले विदा हो गेला।

मानो कहते जा रहला ह – कबीरा जब हम पैदा हुए, जग हँसा हम रोये, ऐसी करनी कर चलो, हम हँसे जग रोये।

4

नयका बिहान

आज बड़का हवेली में भारी चहल-पहल हल और होवे भी काहे नै काहे की आज हवेली के एकलौता वारिस अनूप बाबू आ रहला ह। अनूप बाबू, ठाकुर जोगिंदर सिंह के लइका हथ। दस साल दिल्ली मे पढ़ के आज घर लौट रहला ह। अमला-दफ़ला, नौकर-लौंड़ी, पास-पड़ोस के लोग-बाग काफी व्यस्त हथ। ठकुराइन के त माने गोड़ मे घिरनी लगल है। नवादा के नमरी बैंड पार्टी दुआरी पर बैठल है। तोरण द्वार, जोड़ा कलश, गगरा में जिंदा मछली, एकवरन करिया गाय और बछड़ा सजल है। ठाकुर जोगिंदर सिंह कचहरी के बाहर मसहरी पर बैठल अनूप बाबू के आवे के इंतजार कर रहला ह। उनका अगल-बगल पचासन लोग मौजूद हथ। सब के आँख दुआरिये पर टंगल है। रामधीन पाण्डे ठाकुर साहब से पुछलन- बड़ी दिन के बाद आ रहलथीन ह बऊआ,छोटहिं मे देखलिये हल, अब तो चिन्हवो नै करवै, अपने चिन्हथीन की नै? मुस्कुरा के ठाकुर साहब कहलन- कैसन बात कर हथिन सरकार, अपनो खून के नै चिन्हवै? हाँ लेकिन देखला त हमरो बड़ी दिन होले ह। एही बीच मे हवेली से ठाकुर साहब के बुलाहट आ गेल। लपक के ठाकुर साहब गेला। ठकुराइन पुछलकी- कहाँ रखलथीन ह रूपइवा सब बांटे वाला? ठाकुर साहब दस-दस के नोट के पाँच गो गड्डी उनकर हाथ मे थमा देलका,और मुस्करा के पुछलन- कैसे चिन्हव अपन बेटा के?ठकुराइन झट्टे बोलली- अपने देखथीन, भला बताव तो,जेकरा नौ महिना कोख मे रखली ह ओकरो नै

चिन्हम?एही समय कोलाहल बढ़ गेल और बैंड पार्टी ज़ोर-ज़ोर से बाजा बजावे लगल। बदहवास दौड़ला दुनू वेकत दुआरी तरफ। जीप से अनूप बाबू उतर रहला हल। ठकुराइन दौड़ के उनका अपन अंक मे भर लेलकी और चूमे लगली। अनूप बाबू ठाकुर साहब के तरफ बढ़ के उनकर पैर छू लेलका। ठाकुर साहब खींच के उनका अपन छाती से लगा लेलका। ठकुराइन नोट उड़ावे लगली। सब लोग बाप बेटा के इ मिलन देख के गदगद हो गेला।

कल होके कचहरी सजल। कचहरी में कहीं तिल रखे के जगह नै हल। अनूप बाबू के बोलहटा होल। अनूप बाबू अइलन। अपना बगल मे बैठा के ठाकुर साहब अनूप बाबू के कहलन- बबुआ, अब अपने सरेख हो गेलथीन ह,एजा जवार मे अपने से काबिल आदमी नै हे। अब इ जमींदारी अपने के हवाले हे। अनूप बाबू बड़ा विनम्रता से कहलन- बाबू जी, हम अभी अपने सब के अपेक्षा के बोझ उठावे लायक न होली ह। पटवारी जी कहलन- बबुआ जी, मालिक के आँख मे कान अपनहीं एगो हथिन। इ भार आज न कल अपने के ही उठवे पड़तै न। सारा लोग बोले लगला कि ठाकुर साहब के निर्णय बहुत बेश हे। जन भावना के सम्मान करके बबुआ के इ ज़िम्मेदारी निभावे के चाही। अनूप बाबू के भी हामी भरे पड़ल।

अब कचहरी के रूप बदल गेल। गद्दी के जगह कुर्सी-टेबुल और रैयत खातिर जाजिम के जगह चौकी बिछ गेल। भिनसारे उठ हला अनूप बाबू औ धूप हौवे के पहले डीह, खलिहान, गोशाला से होते घर लौट जा हला। आठ बजे जे उनकर कचहरी लग हल से दोपहर बाद तक चल हल। सब के बात सुन हला अनूप बाबू और ठोस निर्णय ले हला। खानदानी झगड़ा से लेके ख़ानगी बंटवारा तक,जमीन विवाद से लेके मालगुजारी तक सब चुटकी मे निपटा दे हला। ठाकुर जोगिंदर सिंह बगल के कुर्सी पर बैठल सब देखते रह हला और मने-मन गदगद होके ठाकुर जी के धन्यवाद देते रह हला। जब से अनूप बाबू जमींदारी सम्हललका तब से एक नया काम शुरू भेल कि गाँव-जवार मे जेतना भी शादी-बियाह, मरनी-हरनी होव हल सब मे इ उपस्थित होवे लगला, चाहे उ कौनो समाज के हो।

ठाकुर जोगिंदर सिंह इ बात के बिरोधी हला। उनकर विचार से जर्मींदार के कचहरी और हवेली तक ही सीमित रहे के चाही। मगर उनकर कुछ चलल न। पहले तो अनूप बाबू दिन मे कचहरी मे व्यस्त रह हला अब तो रातो मे लापता रहे लगला। एक दिन ठकुराइन ठाकुर साहब से कहलकी – अब अपने आँख नै मुनथिन। अब बबुआ के शादी करे पड़तइ। ठाकुर साहब भी हामी भर देलका। बरतुहार के आना शुरू हो गेल।

अनूप बाबू एगो पुराना केस के पैरवी खातिर शहर गेलन। लौट रहला हल कि डकैत सब राह मे छेंक लेलक। जीप मे हालांकि लाइसेंसी बंदूक धइल हल लेकिन ओकरा निकाले के मौका नै देलक डकैत सब। अनूप बाबू भी भिड़ गेला तभी एगो डकैत फायर कर देलक। धड़ाम से गिर गेला अनूप बाबू। गोली उनकर बायां जांघ चीरते निकल गेल। उनका खाई मे फेंक के डकैत सब भाग गेल। अनूप बाबू के जब आँख खुलल त भीषण दर्द के अनुभव कइलका और अपना के एगो झोपड़ी मे पइलका। एगो लड़की और ओकर बूढ़ा बाप दुनु उनकर सेवा मे लगल हल। बुदबुदा के अनूप बाबू पुछलन- हम कहाँ ही! अपने सब के हथिन? बूढ़ा कहलक- अपने तो खाई मे पड़ल हलथिन, बहुत खून बह गेल ह अपने के देह से। बचिया लइलकन ह अपने के। कहाँ घर होलइ?अनूप बाबू कहलन- हम नरायनपुर के जर्मींदार ठाकुर जोगिंदर सिंह के लड़का हिअइ। एतना सुनला पर बूढ़ा के चेहरा के रंग उड़ गेल। उ कहलक कि अपने के भेजे के व्यवस्था कर हिअइ। आधी रात के बाद हवेली के बाहर कुछ लोग आल। हवेली मे तो मातम के माहौल हल। बराहिल जी पुछलन- के ह तू लोग? आदमी बोललक कि हम के ही इ जानला बहुत जरूरी नै हो बराहिल जी, बबुआ कहाँ हथुन हम जान ही। बराहिल जी चौंकला, चिल्ला के कहलन- मालिक, बबुआ के पता चल गेल। ठाकुर जोगिंदर सिंह हड़बड़ा के बाहर निकलला और पुछलन-कहाँ हथ बऊआ? बराहिल जी उ लोग के तरफ इशारा कर देलका। आनन-फानन मे सब लोग बूढ़ा के झोपड़ी तक पहुंचला, देखलका कि तकिया के टेक लेके अनूप बाबू गरम पानी पी रहला हल और एगो युवती उनकर घाव के पट्टी बदल रहल हल। इनका इ हाल मे देख के ठाकुर जोगिंदर सिंह और उनकर साथ सब आदमी

भौचक्का रह गेल। ठाकुर जोगिंदर सिंह अनूप बाबू से पुछलन- बबुआ इ सब कि हो गेलो। अनूप बाबू सारा वृतांत सुनइलका कि कैसे घायल होला पर इ लड़की और ओकर बाप उनका नया जीवन देलक। ठाकुर जोगिंदर सिंह लड़की से पुछलन - कि नाम हो तोहर बाबू जी के? लखन राऊत, लड़की के जबाब हल। इ ओहे लखन राऊत हवे मालिक जेकरा... । अरे लखनमा, कहाँ ह रे? बराहिल जी गरज के बोललन। हाथ जोडले बूढ़ा आके खड़ा हो गेल। ठाकुर साहब अब पहचान गेला। लखन राऊत थरथर काँप रहल हल। बराहिल जी कहलन- जो रे लखनमा आज अपन पाप धो लेलं। ठाकुर साहब बिना कुछ बोलले जेब से गड्डी निकाल के बूढ़ा के हाथ मे रख देलका। कहलका- लखन, हमर बेटा के बचा के तू आज हमरा खरीद लेलं। लखन तपाक से नोट के गड्डी फेंक के बोललक कि अगर इ खाली तोर बेटा रहतो हल ठाकुर साहब, त कब्बे मार देतिओ हल एकरा, तोर चलते हमर बेटा मरल और हमरा चलते तोर बेटा बचलो, हम एकरा नै बल्कि नारायणपुर के जमींदार के बचइलियो ह। जा, ले जा अपन बेटा के। ठाकुर साहब सन्न रह गेला। सब पुराना घटना उनकर आँख के आगे बारी-बारी से गुजरे लगल कि कैसे चोरी के इल्जाम मे लखनमा के चमड़ी उतार के परिवार सहित गाँव से भागा देली हल। इ उनके हरवाहा हल। लेकिन आज उनको से बड़ा हो गेल हल। बूढ़ा कहलक- ठाकुर साहब अपने तो हमरा मार-पीट के गाँव से भागा देलथिन, भूख से तड़प-तड़प के हमर बेटा मर गेल। बचिया के जन्म देके एकर माई मर गेल। पर ब्रह्म बाबा जान हथिन कि हम चोरी नै कैलिए हल। आज बीस साल से इ अजलेम लेके हम जी रहली ह, जे पूरी तरह से गलत है। ठाकुर साहब के काठ मार देलक उनका लगल कि एतना बड़ा पाप के प्रायश्चित कैसे होत। बराहिल जी गरजला- अरे चोट्टा, तू मालिक से मुंह लगइते ह। ठाकुर साहब गरज के बराहिल जी के कहलन- बराहिल जी होश मे रह, न त जीभ खींच लेवो, इ सब तोहनिए के खेला हो। बूढ़ा ठाकुर साहब के पैर पकड़ के रोवे लगल। ठाकुर साहब कहलन- लखन, आज हमर आँख के पट्टी हट गेलौ, अब चल वापस। बूढ़ा कहलक- मालिक, अपने एतना कह देलथिन, हमर जीवन धन्य हो गेल। अनूप बाबू के उठा के जीप मे लेटावल गेल। जीप स्टार्ट होल त अनूप बाबू कहलन- बाबूजी, अभी एक

और हिसाब बाकी हे। इ लड़की के सेवा से हम कभी उऋण न हो सक ही, हम धर्मपत्नी के रूप मे इनका वरन कर ही। ठाकुर जोगिंदर सिंह गदगद होके कहलन- जीय बेटा,जुग-जुग जीय। तू सावित्री के चुनल ह, हमरा समाज और गोतिया के कोई डर न हे, कह के लखन के अपन छाती से लगा लेलन। पौ फट रहल हल, भगवान भास्कर उगेला उताहुल हला। इ भोर कोई मामूली न हल, इ सुबह तो सदियों तक याद रखल जा सक हे।

5

प्राणदान

हमार गाँव मे एगो खास वेयक्ति हला। नाम हल हीरामन सिंह। हीरामन सिंह मीन अइसन तो कोय खासियत न हल मुदा हमरा उ जरूर खास लगअ हला। ओकर कारण इ हल कि उ गाँव से बाहर अपन घर में पड़ल रह हला। एकदम अकेले। साथी के नाम पर खाली दु गो गाय और बछड़ा आउर एगो कुत्ता। जेकरा उ हिटलर कह हला। ओयसे तो हम गाँव में कम रहली हल जादे बोर्डिंग स्कूल में। जब से होस सम्हारली तब से लेके पंद्रह बरस तक शहरे के बोर्डिंग स्कूल मे रहली। मगर जब भी गाँव जा हली कोय घटना चाहे हमरा भले याद न रहे पर हीरामन सिंह के कबो न भुलली। गाँव में हमर घर बड़का घर के नाम से प्रसिद्ध रहे। आउर घर के एकलौता बेटा हम रहली। हीरामन सिंह के घर मुख्य सड़क के किनारे हल। उ घर के बाहर ओसरा पर खटिया बिछा के बैठल रह हला आउर अइते-जइते लोग उनका प्रणाम करके आशीर्वाद लेहल। जब भी हम अपन बाबूजी के साथ उनकर घर के पास से गुजर हली तब उ हमरा दुलरुआ कह के पुकार हला आउर गावे लगअ हला-

"बबुआ का पढ़तन ई मन से, जिनकर तेल चुअत जुलफन से"

"एक बेटा केकरा? बाप टहलुआ जेकरा"

सुनके हमर देह में आग लग जा हल। एक दिन हम बाबूजी से पुछली – "इ हमरा देख के गाव हथिन त हमरा बड़ी खराब लगअ हे। इ हमरा दुलरुआ काहे कह हथ"। बाबूजी मुस्कुरा के कहलन- "तू तो हइए ह

दुलरुआ”। समय बीतते गेल। अब हम मैट्रिक पास करके पटना आ गेली। अब तो होली दिवाली दशहरा जयसन परब में भी गाँव न जा पाव हली।

जहां पर हीरामन सिंह रह हला उनकर ठीक बगल मे हमर चार बीघा खेत हल। बाबूजी पुरनका घर छोड़ के ओही में नया घर बनइलन। चारों तरफ चाहरदीवारी देला पर हमर नयका घर कउनों किला से कम न लग हल। पाँच साल के बाद हम घर अइली। गाँव में सब कुछ बदल गेल हल मुदा हीरामन सिंह के घर जइसन के तइसन हल। इ बार एक महिना खातिर घर में रहे के विचार हल। घर में घुसे के पहिले मिल गेला हीरामन सिंह। देखते कहलन-

“लूटा दे बाप के दौलत, फुटानी इसको कहते हैं।

लगा दे आग पानी में, जवानी इसको कहते हैं”।

कह के खिखियाके हँसे लगलन हीरामन सिंह। हमर त देह में आग लग गेल। मन कइलक की उठा के पटक दीं इ बुढ़वा के। मगर खून के घोंट पी के रह गेली। रात के खाय समय हम बाबूजी से कहली – अपने के आउर कहीं न हल घर बानवे के जे इ करमहीनमा भीर अइलथिन। एकरा देख के त हमर जतरा खराब हो जा है। बाबूजी कहलन – आदमी देख के केकरो जतरा खराब न होवे है बेटा, आउर हीरामन सिंह हमर दुश्मन थोड़े हथिन। उ तोरा सबसे जादे मान हथुन।

जाड़ा के दिन हल। चार बजे भोरे में कर्कश आवाज से हमर नींद टूट गेल। हीरामन सिंह गा रहला हल-

“राम नाम लड्डू, गोपाल नाम घी, हरि नाम मिश्री घोर घोर पी”।

बस एही दू पंक्ति उ दू घंटा गइलन। हम माय से कहली – इ बुढ़वा के एकाध दिन हम पीट देम। न अपने चैन से रह है आउर न हामरा रहे दे है। माय कहलन – न बेटा, अइसन न बोलअ। उ तो बेचैन हईय हथिन पर सब के चैन से रहे के कामना कर हथिन। जयसहीं हम घर से बाहर निकलली उ पुकार के कहलन – “का हो जवानी के इंजन, मार धकाधक”।

हमर तरबा धुर कपार चढ़ गेल। बाहर से अइतही फिर पुकार के कहलन – “जीय हो करेजा, बाप-माय के खूब ठगअ”।

अब तो हम आपा से बाहर हो गेली। ललकार के कहली- रे बुढ़ऊ, तोर विधाता बाम हो गेल ह। उमर के लेहाज कर ही न त एके मुक्का में सुरधाम पहुंचा देम। भनभनइते हम घर में घुस गेली।

जब भी हम घर से बाहर निकलअ हली चाहे घर में घुस हली त अगल बगल देखअ हली कि कहीं से हीरामन सिंहवा बाहर बैठल तो न हे। एगो अनजान डर लगे लगल हल हमरा हीरामन सिंह से। भोरे भोरे उनकर कर्कश आवाज हमरा जागवे लगल। बाबूजी तो खेती-गृहस्थी के काम में बड़ा व्यस्त रह हलन। एक दिन हमरा कहलन – जा, आज जाके बाजार से खाद ले आबअ। हम बाबूजी के मोटरसाइकिल से बाजार जा रहली हल। रास्ते में मिल गेला हीरामन सिंह। धान पिटवा रहलन हल। सड़क किनारे बैठल हलन। हमरा देख के पुकार के कहलन- का हो दुलरुआ तनी रुकअ। हम रुक गेली। सब धान पिटताहर के सुना के कहलन- एगो हमर पोता है, उ भी नमरी मौगा, एक नंबर के घर घुसना। अबो माय के अंगुरी पकड़ के झाड़ा फिर हे। घरे लौट जा हो दुलरुआ, न त हावा लग जइतो।

अब हमर पारा सतमा आसमान पर चढ़ गेल। सब पिटताहर खिलखिला के हँसे लगल। हम आव देखली न ताव, तड़ातड़ चार झापड़ खींच देली हीरामन सिंह के। सब ओर सन्नाटा पसर गेल। हम मोटरसाइकिल चालू करके बाजार चल गेली।

बाजार से लौटते लौटते शाम हो गेल। अब हीरामन सिंह के डर हमर मन से खतम हो गेल। घर मे घुसे समय देखली की हीरामन सिंह के दुआरी अंधार हे। खटिया बिछल हे मुदा हीरामन सिंह न हथ। रात के खाना के समय हम माय-बाबूजी से कहली – आज हीरामन सिंहवा के गरह उतार देली ह। सारा घटना माय-बाबूजी के सुनइली। सुन के बाबूजी भरभरा के कहलन – इ का कइल बाबू। बड़का जुलुम हो गेल। तू एतना नीच काम कइला एकरा से बढ़िया त हम दुनु बेकत के मारतअ हल। फुट फुट के रोवे लगलन माय-बाबूजी। हमरा तो काटे त खून न। फिर बाबूजी कहलन – हम त जान हली कि पढ़े-लिखे से जानवर भी इंसान बन जा हे मगर तू तो इंसान से जानवर बन गेलअ। अगर आज तू जिंदा ह त उनके बदौलत। जब तू दू बरस के हल त कोठा पर से गिर गेला हल त, उ अपन खून दे के तोरा बचैलथुन हल। बाप रे बाप अब इ पाप हमनी

कैसे धोवअ जी? उ करमहीन न हथीन, करमहीन त तू ह। अगर आज उनकर परिवार रहत हल त तू उनका पर हाथ न उठा सक हल। माथा पकड़ के बैठ गेला बाबूजी। रे बेटा, तोर इ पाप के प्रायश्चित कबो न हो सक हो। अब हमरो आँसू बहे लगल। शांत हो के बाबूजी कहलन – सब दिन अइसन न हलथीन हीरामन काका। मिलेटरी मे हलथीन। गाँव के पहिला मैट्रिक पास। पत्नी और दू गो बेटा हलन। कॉलरा फैलल आ तीनों जन सिधार गेलन। हीरामन काका नौकरी छोड़ के घर आ गेलन। तबे से इ पूरा गाँव के अपन परिवार बुझ हथ। इनकर दस बीघा खेत के पैदा आउर पूरा पिनसीन समाजे सेवा में जा हे। गाँव के स्कूल मंदिर सब एही बनइलन ह। केकरो दुआरी पर न जा हथ। कम से कम गाँव के पचासन गरीब गुरबा के बेटी के उधार कइलन ह। जब तू बाहर रह हलअ त रोज तोहर हाल-चाल ले हलथुन। आउर आज तू देवता पर हाथ छोड़ देलअ?

हमरा त अइसन लगल जैसे कि गौहत्या हो गेल। हम भी ज़ोर ज़ोर से रोवे लगली। हमर लोर पोंछ के माय बोललन- जा बेटा, हीरामन काका से गोड़ पकड़ के माफी माँगअ। उ बड़ा सज्जन आदमी हथिन, तोरा जरूर माफ कर देथुन। हम दरवाजा से बधहवास बाहर भागली। लेकिन हमरा एकाएक लगल कि हमर गोड़ पर कोई चिंगारी रख देलक ह। हम चिल्ला के कहली- माय गे, कुछ काटलक ह हमरा। टॉर्च लेके बाबूजी दौड़लन। चिल्ला के कहलन – बाबू के गोहमन काट लेलको। चीख पुकार मच गेल। एकर बाद हमरा कुछ याद न रहल। सुबह चार बजे हमर आँख खुलल। हम देखली माय-बाबूजी के साथ दस लोग हमरा घेरले हथ। पूरा देह में लहर औ बेचैनी हल। हम पुछली – का होल। बाबूजी कहलन – तोरा गोहमन काट लेलको हल बेटा। उ त भाग्य मनाव कि हीरामन काका मुंह से चूस के तोर जहर उतार देलथुन। न त अनर्थ हो जात हल। हम थरभसा के कहली – कहाँ हथिन हीरामन बाबा? माय कहलन – उ त अपन घरे हथिन। हम कहली – हम उनका पास जाम। लोगबाग मना करे लगलन। हम उठ के लड़खड़इते उनकर घर गेली। दरवाजा खुलल हल। हमरा साथ माय-बाबूजी आउर अन्य लोग भी हलन। बाबूजी पुकारलन - हीरामन काका, ए हीरामन काका, पर कोई जबाब न मिलल। अंदर जाके देखली हीरामन सिंह अपन अंगना में धाजा में ओठंग के

बैठल हथ। हम जाके उनकर पैर पकड़ के रोवे लगली – बाबा, हमरा से गलती हो गेल, तू तो दू दू बार हमर जान बचैईल, हमरा माफ कर द। मुदा हीरामन सिंह आँख बंद कइले बइठले रहलन। एक व्यक्ति कहलक – अब इ कहाँ हथुन, इ तो चल गेलथुन। सब लोग बारी बारी से हीरामन सिंह के देह टटोले लगल। मगर हीरामन सिंह तो मिट्टी हो गेलन हल। उनकर मुस्कुराहट अब भी उनकर चेहरा पर वैसहीं बनल हल।